चलते रहे रात भर

(कविताएँ)

चलते रहे रात भर

राकेश मिश्र

राधाकृष्ण प्रकाशन

ISBN : 978-81-8361-909-7

चलते रहे रात भर

पहला संस्करण : जनवरी 2019
चौथा संस्करण : जनवरी 2022

मूल्य : ₹595

प्रकाशक
राधाकृष्ण प्रकाशन प्राइवेट लिमिटेड
जी-17, जगतपुरी, दिल्ली-110 051

शाखाएँ : अशोक राजपथ, साइंस कॉलेज के सामने, पटना-800 006
पहली मंज़िल, दरबारी बिल्डिंग, महात्मा गांधी मार्ग, प्रयागराज-211 001
36 ए, शेक्सपियर सरणी, कोलकाता-700 017

वेबसाइट : www.radhakrishnaprakashan.com
ई-मेल : info@radhakrishnaprakashan.com

मुद्रक : बी.के. ऑफसेट
नवीन शाहदरा, दिल्ली-110 032

CHALTE RAHE RAAT BHAR
Poems by Rakesh Mishra

"भवानीशंकरौ वन्दे श्रद्धाविश्वासरूपिणौ"

अम्मा-पापा जी को

पुरोवाक्

कविता अपने प्रशस्त रूप में जीवन और जगत् का पुनःसृजन है। कवि का अनुभव संसार ही कविता का उद्‌गम-स्थल है। उसकी विशिष्ट अनुभूति जीवन और जगत के वृहत्तर सन्दर्भों से जुड़ने के लिए अपने आप को नाना रूपों में प्रकट करती है। कवि की अनुभूति ही प्रज्ञा एवं कल्पना-तत्त्व के विविध सोपानों पर आरूढ़ होकर अभिव्यक्ति के स्तर तक पहुँचकर काव्य का स्वरूप प्राप्त करती है। सृष्टि में काव्य का चिरंतन प्रवाह है। वह मनुष्य की प्राचीनतम उपलब्धियों में से एक है। वस्तुतः काव्य मानव-जीवन और सृष्टि-सौन्दर्य की विशद व्याख्या है। फलतः काव्य के अध्ययन से मनुष्य की आन्तरिक-भावना जाग उठती है। उसका मानसिक और आत्मिक उन्नयन होता है। यही कारण है कि जब तक मानव-जीवन एवं सृष्टि का अस्तित्व इस धरती पर कायम रहेगा तब तक कविता की अपरिहार्यता बरकरार रहेगी। इसी क्रम में जब हम समकालीन हिन्दी कविता पर दृष्टिपात करते हैं तो पाते हैं कि वह अपने बहुआयामी स्वरूप के साथ बहुविध सरणियों में प्रवहमान है। गुण और परिमाण दोनों ही दृष्टियों से उसमें उत्कृष्ट एवं विपुल काव्य-रचना हो रही है। फलतः उसका पारायण अपने समय, समाज, परिवेश तथा स्वयं को जानने का एक महत्त्वपूर्ण जरिया है।

वर्तमान दौर में जब कवियों की अनेक पीढ़ियाँ सृजनरत हैं तब उनका सम्यक् मूल्यांकन अतिशय चुनौतीपूर्ण और जटिल कार्य है। इन्हीं में से एक महत्त्वपूर्ण कवि का नाम है—राकेश मिश्र। इनके एक साथ तीन काव्य-संग्रह प्रकाशित हो रहे हैं जिनमें 'चलते रहे रात भर' अत्यन्त महत्त्वपूर्ण है। इसमें कुल 146 कविताएँ संकलित हैं। इनका सबसे बड़ा वैशिष्ट्य यह है कि यहाँ कवि की जीवनानुभूति काव्यानुभूति बन गयी है। उसने बड़ी सहजता से अपने जीवन में जो कुछ देखा, समझा, महसूस किया उसे काव्य-पंक्तियों में ढाल दिया है। इन कविताओं में समसामयिक कठिन और अमानवीय स्थितियों के बीच मनुष्य को मनुष्य बनाए रखने की चिन्ता है।

जिन्दगी को उसके वैविध्यपूर्ण स्वरूप में समझने की ललक है। इन कविताओं में 'ज़िन्दगी', 'खुलेगी ज़िन्दगी', 'मुट्ठी भर ज़िन्दगी', 'जीवन', 'उम्र', 'आदमी', 'रेत से उठा जीवन', 'जीवन जल' इत्यादि ज़िन्दगी को उसके विविध रूपों में समझने का प्रयास है। मिश्रजी इस अर्थ में जीवनधर्मी कवि हैं कि उनके सृजन का सबसे महत्त्वपूर्ण बिन्दु जीवन है, मनुष्य है, उसका संघर्ष है। चूँकि जीवन की चरम परिणति मृत्यु अथवा मुक्ति है अतः मिश्रजी ने 'कैसे मर जाऊँ', 'मौत', 'ख़बर मौत की' तथा 'मुक्ति' शीर्षक कविताएँ भी लिखीं। इनके माध्यम से जीवन का एक प्रतिपक्ष निर्मित होता है जिससे ज़िन्दगी को पूर्णता प्राप्त होती है। राकेशजी के पास जीवन को पहचानने वाली एक भेदक दृष्टि है जिसका सम्यक् उन्मेष इन कविताओं में देखा जा सकता है।

राकेश मिश्र की कविताएँ दैनिक जीवन में प्रयुक्त साधारणं बिम्बों के द्वारा मानवीय संघर्ष की तस्वीरें खींचती है। कविता की छोटी-छोटी पंक्तियों में वे सामाजिक विसंगतियों एवं निरावृत सत्य का एक पूरा परिदृश्य अंकित करते हैं। इस दृष्टि से 'रोटियाँ' शीर्षक कविता विशेष रूप से चिन्तनीय बन पड़ी है—'बाँध दो/ सूखी रोटियाँ/ कँटीले तारों से/ पोत दो/ मक्खन/सूखी रोटियाँ/ नंगी हों/ तो/ दस्तावेज़ होती हैं/हमारी बेईमान आदमीयत की', इस तरह मिश्रजी मनुष्य के मूलभूत संघर्ष, दुख-दर्द और उसकी नियति की सही पहचान रखते हैं। वे अपने आस-पास की सारी जानी हुई चीजों को बिलकुल साफ-सुथरे और विश्वसनीय ढंग से व्यंजित करते हैं। इस ढंग की कविताओं में 'नारे', 'चुप होती आवाज़', 'हेलीकॉप्टर', 'कंक्रीट की दीवारें', 'आखिर कब तक', 'उदास बच्चे', 'चलते रहे रात भर', 'कृष्ण विवर', 'तस्वीर', 'चौराहा', 'शहर में रातें', 'खिलारी', 'गुरुजी', 'शहर', 'भूख' तथा 'वह लड़की' का समावेश किया जा सकता है। इससे यह माना जा सकता है कि मिश्रजी के लिए कविता सिर्फ कला-यात्रा नहीं है। वह सामाजिक दायित्वों को सजगता के साथ सम्पादित करने की विधा है। आज के वैज्ञानिक और तकनीकी युग के अनुरूप जीवन की जटिल संवेदना तथा अनुभव की प्रामाणिकता का सतर्कतापूर्वक उद्घाटन करने का प्रभावी माध्यम है।

विवेच्य कवि में प्रेम जैसे नितान्त आत्मीय एवं कोमल मनोभाव की गहनता का गहरा एहसास है। उसकी कई कविताएँ प्रेम पर हैं। उसके नितान्त वैयक्तिक और आन्तरिक जीवन का उच्छल भावावेग यहाँ प्रकट होकर कवि के बाह्य संघर्षों और वैचारिक ताप को प्रति सन्तुलित करता है। उसके लिए 'प्रेम चरमोत्कर्ष है/ समस्त बिन्दुओं के बीच' से आरम्भ होकर 'प्रेम एक नियति है/ गिर पड़ने की

गहनतम अन्धकूप में।' ऐसे ही वह चरम परिणति प्राप्त करता है। वह 'तुम्हारा प्रेम', 'हम-तुम', 'ढाई आखर', 'उसकी आँखें', 'तुम', 'वह लड़की' जैसी कविताओं के माध्यम से प्रेम को एक मूल्य के रूप में प्रस्तुत करता है। आज के इस भौतिकवादी, तेज रफ़्तार, बहुस्तरीय, संवेदनशून्य, आपाधापी वाले जीवन में कविता ही वह रचनात्मक माध्यम है, जो मनुष्य की भीतरी सद्वृत्तियों और मानवीय भावनाओं को जगाकर मनुष्य-मनुष्य के बीच मधुर सम्बन्धों का सेतु बना सकती है। उसकी मनुष्यता का विस्तार कर सकती है। इस दृष्टि से इन प्रेम कविताओं का विशेष महत्त्व हैं क्योंकि वे मनुष्य की सूख रही संवेदना को तरलता प्रदान करती हैं। उसमें भावनात्मक उन्मेष पैदा करती हैं। उसकी संवेदना का विस्तार करती हैं।

प्रस्तुत संकलन की कविताएँ मुक्त छन्द, अतुकान्त के अलावा गीत, ग़ज़ल के रूप में भी प्रस्तुत की गई हैं। कवि मन का ललित मनोरम पक्ष उसे प्रकृति तथा गेय कविता की ओर भी ले जाता है। उसका लोक निरीक्षण अत्यन्त सूक्ष्म है। उसका मनुष्य के मनोविज्ञान का गहन अध्ययन है। वह मनुष्य की महत्त्वाकांक्षा और गलाकाट स्पर्धा को लेकर उन्मथित भी है। क्योंकि विकास की अन्धी दौड़ में मनुष्य भले ही आगे निकल रहा हो परन्तु वह दूसरे मनुष्य के काम का नहीं रह गया है। उसकी उपादेयता सिमट रही है—

आदमी के काम का क्यूँ ना रहा ख़ुद आदमी।
कौन आगे बढ़ गया ख़ुद घट गया जब आदमी॥

मिश्रजी वर्तमान समय की तमाम बिडम्बनाओं पर भी सार्थक टिप्पणी करते हैं और मनुष्य के अकेलेपन तथा अजनबीपन पर भी लेखनी चलाते हैं। वे भारतवर्ष की गतिशील लोकोन्मुखी परम्परा से भी अपनी कविता को जोड़ते हैं। उसे लोकधर्मी चेतना से अनुप्राणित करने के लिए बोलियों के विशिष्ट अन्दाज से जोड़ते हैं। इस दृष्टि से 'तोरी अँखियाँ' तथा 'छुड़ाओ न बहियाँ' जैसी कविताएँ विशेष रूप से उल्लेखनीय बन पड़ी हैं। इनमें अवधी और भोजपुरी के मध्यवर्ती रूप पूरबी का सुन्दर प्रयोग देखा जा सकता है—

गोरी तोरी अँखियाँ बा मातल हो
बसन्त आई गइले
अमवा में बौर आइल महुआ कोचाइल
मस्त कोइलरिया बा फुलवा फुलाइल
काँहे कमरिया बाटे पातर हो
बसन्त...

इस तरह कवि ने लोकगीत शैली में भी काव्य-रचना करके उसे प्रभावी बनाया है। कवि भलीभाँति जानता है कि लोक जीवन की धड़कन को लोकभाषा की छौंक द्वारा ही आस्वादक बनाया जा सकता है। इसमें उसे अपेक्षित सफलता भी मिली है।

सारांश यह है कि राकेश मिश्र की कविताएँ जीवन, जगत, जनचित्त एवं वैयक्तिक जीवनानुभवों के चित्रण में ज्यादा रमी हैं। इनकी भाषा अपनी अभिव्यंजना में अत्यधिक सटीक, सरल, सुबोध, सधी हुई और अर्थपूर्ण है। भाषिक प्रयोग और शब्द-विन्यास के धरातल पर इस संकलन की भाषा अत्याधुनिक तथा लोकजीवन की पारम्परिक भंगिमाओं से युक्त है। आज जब मुक्त छन्द की कविता को पढ़ना अत्यन्त दुष्कर होता जा रहा है तब 'चलते रहे रात भर' की कविताएँ अपनी सहज सम्प्रेषणीयता में पाठकों को लुभाती हैं। कवि ने गीत, ग़ज़ल, लोकगीत और छन्दबद्ध कविताओं के समावेश द्वारा प्रस्तुत संकलन की पठनीयता बढ़ा दी है। मुझे पूर्ण विश्वास है कि हिन्दी जगत प्रस्तुत संकलन का खुलेमन से स्वागत करेगा। मैं कवि राकेश मिश्र को अपनी शुभकामनाएँ प्रेषित करता हूँ कि वे भविष्य में रचनारत रहें और अपनी प्रतिभा से हिन्दी जगत को चकित करते रहें।

–डॉ. करुणाशंकर उपाध्याय
प्रोफ़ेसर एवं अध्यक्ष, हिन्दी विभाग
मुम्बई विश्वविद्यालय
मुम्बई-400 098

आत्म निवेदन

प्रस्तुत कविताएँ विगत तीस वर्षों की समयावधि में लिखी गई हैं। जब लिखना शुरू किया तब यह मन में नहीं आया कि छपना पड़ेगा तथा सभी लोग पढ़ेंगे। ग्रामीण परिवेश एवं पृष्ठभूमि, आसपास का वातावरण और मेरी संवेदनशील प्रकृति ने मुझमें बचपन से ही एक ऐसी कीमिया तैयार की कि किशोर वय तक आते-आते मुझे अनसुलझे भावों ने जकड़ना शुरू कर दिया, जो कि सन् 1983-84 तक अवसाद में परिवर्तित हो गया। पढ़ाई-लिखाई सब चौपट हो गई। समाज एवं परिचय से भागता हुआ मैं लगभग एकाकी हो गया। बाद में व्यावसायिक परामर्श एवं स्वाध्याय से अवसाद को जानने-समझने की प्रक्रिया में मन के अन्दर की भाव-तरंगों को पहचानने लगा। कविता का आत्मज्ञान एक बार छोटे भाई संजीव मिश्र द्वारा 'नन्दन' पत्रिका में तसवीर पर कविता लिखने की प्रतियोगिता में मेरे द्वारा सुझाई गई पंक्ति पर मिली सराहना तथा छात्र आन्दोलनों के लिये लिखे गये नारों से हुआ। 1988-90 के दौरान यह आत्मबोध बार-बार आने लगा कि मैं लिख सकता हूँ। तब तक प्रतियोगी परीक्षाओं में असफलताओं का दौर शुरू हो चुका था। लेखन-अभ्यास हेतु रफ कॉपियों के एक हिस्से में लिखी कविताओं को मेजपोश के नीचे रख देता तथा वर्षान्त में डायरी में साफ-साफ उतार लेता। मेरा कविता लेखन का एकाध मित्रों को ही पता था। प्रशासनिक सेवा में आने के बाद इसकी चर्चा का अवसर नहीं मिला तथा संकोच भी था। जनपद इटावा में 2001 की तैनाती के दौरान गुरुवर डॉ. विद्याकान्त तिवारी को अपनी डायरियाँ ससंकोच दिखाईं तो 'शब्दगात' के प्रकाशन की पृष्ठभूमि बनी। फिर कुछ खास नहीं हो पाया। हाँ, कविता के पठन-पाठन की वास्तविकता से परिचय हुआ तथा एक निराशा तथा अनजानेपन का भाव प्रकट हो गया।

लिखने के प्रति उत्साह लगभग खत्म हो गया, ऐसा लगा जैसे सब सूख गया। फिर 3-4 वर्षों तक कुछ भी नहीं लिखा और फिर लिखा तो वर्ष में 4-5 कविताओं से ज्यादा नहीं। यह क्रम 2017-18 तक चलता रहा।

प्रस्तुत कविताओं के प्रकाशन से मेरी सृजनात्मक शक्ति को नवजीवन सा मिला है। ये कविताएँ मेरे जीवन के अद्भुत क्षणों का दस्तावेज हैं तथा मेरे पक्ष में एक सशक्त गवाही पेश करती हैं। मेरे विगत जीवन का प्रमाण है।

अपनी काव्य यात्रा में मार्गदर्शन एवं सहयोग के लिए गुरुवर डॉ. विद्याकान्त तिवारी, मित्र श्री सुधीर मिश्र, स्व. डॉ. योगेन्द्र सिंह, स्व. पं. धर्मनारायण त्रिपाठी और स्व. डॉ. लक्ष्मीपति वर्मा का आभारी हूँ।

वर्तमान कृति हेतु परमादरणीय गुरुवर डॉ. करुणाशंकर उपाध्याय द्वारा अपनी व्यस्ततम दिनचर्या से समय निकालकर लिखी गई समीक्षात्मक टिप्पणी मेरी कृति की सर्वाधिक मूल्यवान निधि एवं विमर्श है जिसका आभार व्यक्त करने के लिए मेरे पास शब्द नहीं है। मैं आजीवन आभारी रहूँगा।

–राकेश मिश्र

अनुक्रम

ज़िन्दगी

जैसी है
वैसी ज़िन्दगी
जैसी है
वैसी सड़क
दोनों साथ चलें

जैसे हैं
वैसे शब्द
जैसे हैं
वैसे अर्थ
दोनों कुछ कहें

जैसी है
वैसी साँस
जैसी है
वैसी दूरी
दोनों प्रण करें

जैसा है
वैसा वह
जैसा है
वैसा यह
दोनों बात करें

जैसा है
वैसा आकर्षण
जैसा है
वैसा समर्पण
दोनों बाँह गहें।

कैसे मर जाऊँ

कैसे मैं मर जाऊँ
जब समझ न सका
सुख-दुःख
यौवन
एक अबूझ पहेली
दान दे दिया
बिना भोगे
समय हठी याचक है
छोड़ दी
सारी स्मृतियाँ
भूखी
जीवन से रोज़ उलझता है
एक गूँगा पक्षाघात
मौत
कभी समझ न आई
मैं
एक नासमझ आदमी
सुबह से शाम तक
दौड़कर
उदास हो जाता हूँ
अँधेरे में
अँधेरा प्रतिबिम्बित करता है
मुझे

और भी नासमझ बना देता है
क्यों आती है
रात
इस तरह ?

एक साथी साया
आदमक़द नासमझ
लिपट जाता है
मेरी नींद से
मेरी रातें और उलझ जाती हैं
मुझे फिर इन्तज़ार रहता है
एक समझदार सुबह का
जब मैं सोचूँगा
मरूँ या ना मरूँ।

इन क्षणों में

जीवन के इन क्षणों में
मैं
मुट्ठी भर सन्धि–सूत्र नहीं
एक धड़कती भावना हूँ
जीवन के निरन्तर स्पन्दन की
एक योजना नहीं हूँ केवल
मैं
अनवरत दौड़ती धमनियों में
ठहर गई
एक असम्भव इच्छा हूँ
मैं
इन क्षणों में
निर्निमेष साक्षी
जाता हुआ।

खुलेगी ज़िन्दगी

खुलेगी ज़िन्दगी
खुलेंगे हम
खुलेगा यह राज़ कि हम सब
सरकंडों की छड़ियों से
जादुई महल बनाने में लगे हैं

खुलेगी ज़िन्दगी
खुलेंगे हम
खुलेगा यह राज़ कि क्यों
क्यों अंकुरित होते हैं
अपाहिज़ विकलांग चने
तिरस्कृत

खुलेगी ज़िन्दगी
खुलेंगे हम
और खुलेगा यह राज़ कि क्यों
खुलना शेष है
बहुत कुछ
बहुत कुछ।

हमने देखा है

हमने देखा है
बादल छँट जाते हैं
वेदना मद्धिम पड़ जाती है
समय कम हो जाता है

देखा है हमने
मूल्यों का साथ छूट जाता है
थोड़ी ही दूरी में
व्यक्ति खो जाता है
भीड़ में।

कल मैं था

कल
मैं जाता था
रेलगाड़ियाँ जाती थीं
लोग
चौराहों पर
खड़े रहते थे
आज
मैं खड़ा हूँ
चौराहों पर
और लोग जा रहे हैं
और जा रही हैं
अब भी
रेलगाड़ियाँ।

वह

वह
नदी की ओर खुलने वाला
झरोखा है
जिसके पार
नावें हैं
मछुआरे हैं
और खरबूज...
सुबह खुल जाए तो
पापों को निर्मल करता
स्नान है,
दूर-दूर तक
गुनगुनी भाप
रेखांकित करती
नदी के किनारे
रात के अन्धकार में
उजाला है
नदी के ऊपरी आकाश का
वह
शाम के सूनेपन
नदी के थपेड़ों
चप्पू की छप-छप
और
धुओं के बीच
निर्गुण एहसास है।

नीलकंठ

कितने हैं
नीलकंठ
मेरी कपाल–अस्थियों में
कितनी बार मनाई
विजयदशमी
कितनी बार हो आया मैं
लंका
फिर भी
भटक जाते हैं
तलुओं से चले
धरती के शीतल संकेत
बार–बार
बार–बार।

एक दूसरे में

एक दूसरे की उँगलियों में
उँगलियाँ
मिलाकर हम चलेंगे
रास्ते में
भीड़ में
रास्ते बनाएँगे
साथ-साथ
बदलती रातों के रंग से
रंग
ज़िन्दगी के
भटका न दें कहीं
देखते-देखते
ज़िन्दगी
डरें न कहीं हम
पंजे बनाएँगे
अपनी
उँगलियों से हम
नहीं बरसेंगे आषाढ़
उन सालों में भी
बहुत काम आएगी
हमारी उँगलियाँ
महकेगी जब भोर

फागुनी हवाओं संग
तोरणद्वार बनाएँगे हम
उँगलियों में डाले

उँगलियाँ।

वो स्त्री

वो स्त्री
सूखी नहर की घनी हरियाली में
खेलती है
लुका-छिपी
अपने बच्चे से

वो स्त्री
पार करती है
बरसात की धवल शाम
आम के बाग़ों में
शुभ्रपीत-नवोढ़ा मिट्टी पर छोड़ती
पग-चिह्न

वो स्त्री
लौटती है
सँभाले कुछ
नवजात रक्त-बूँदें
बाँहों पर
गन्नों की पत्तियों से गुँथी
पगडंडियों के पार हैं
खेत
उस स्त्री के।

मुट्ठी भर ज़िन्दगी

मैं पढ़ता रहा
ज़िन्दगी
सीधी रेखाओं में
ज़िन्दगी
नदी-सी अतिर्यक
मानसून में शहर का चौक लाँघती
गर्मियों में
सुदूर जंगलों तक तलाशती
अपना रेखिल अस्तित्व
लुकती-छिपती रही
रेखाओं से परे
मैं सोचता रहा
ज़िन्दगी
स्तरित कल्पनाओं में
ज़िन्दगी
बादल भर धूप-सी
छकाती रही मुझे
मैं सँजोता रहा
ज़िन्दगी
लिया-दिया
खोया-पाया में
ज़िन्दगी
मुट्ठी भर पानी सी

हर बार
पकड़ में आती
और
चू जाती।

ज़िन्दगी यहीं कहीं

यहीं कहीं होनी चाहिए
ज़िन्दगी
यहीं कहीं
आख़िर
यहीं तो हैं
चूड़ियों से भरे हाथ
उदास चेहरे
फूले पेट
अस्फुट स्वर
और
मन के सूनेपन को धार देती
खोखली हँसी
कहाँ खो गया
पता
ज़िन्दगी का!

चिट्ठी

आज फिर लिखी चिट्ठी
घर
प्रणाम से शुभ तक
फैल गई
पोर भर ज़रूरत
पूर्ण विराम
क्षितिज से क्षितिज तक फैला
पीलापन
और
नीला आकाश
मोड़ कर
पता लिख दिया।

जीवन

जब हमने बनाये जंगल
बैठकख़ानों में
जब एक बया अकेली
यूकेलिप्टस की सफ़ेद हड्डियों-सी
डाल पर उछल कर
चीख़ पड़ी
अनायास
जब मोटर वाले ने
हॉर्न बजाकर
अकेली सड़क से
बतकही शुरू की
और
जब मैं सोचता रहा
एक चौकोर आसमान
तब मैंने जाना कि जीवन की सारी समस्या
इसे बिता डालने की समस्या है।

दीवालें

घर दीवालें हैं
घर से बाहर
दीवालें मोड़ देती हैं
मुझे
दीवालों के बीच चलती हैं
सड़कें
चौराहे दीवालों से बची जगहें हैं
कितनी कम जगह है
दीवालों के बीच
दीवालें क़रीब आना चाहती हों जैसे
छत न होती तो
दीवालें
चाँद तारों तक जातीं
केवल विस्तार है
तारों में
दीवालें
पाना चाहती हैं
वही विस्तार।

आसमान

बाल्टी भर
आसमान
कजरी गाय के दूध में
नम करके
बोना चाहता हूँ
सोचता हूँ
अपने आँगन में
आसमान उगाऊँ।

चाहत

बहुत चाहता हूँ
मैं
तुमको
पर
देखो—
जब मैं बहुत चाहता हूँ
तुमको
तब ज़िन्दगी
ज़िन्दगी नहीं रहती।

स्वप्न

सूरज को बाँहों में
समेटने की ग़लती
कई बा़र की है मैंने
सपनों में
अस्थि-शेष हैं
बाँहें मेरी

रातों में
जीवित सूर्य उतरता है
अनवरत
सपनों में
भस्म-शेष हैं
आँखें मेरी

दिन में
अनावृत सूर्य
फैल जाता है
पैरों के बीच
वरण-शेष हैं
स्वप्न मेरे।

मन्दिर

नदी के मन्दिर पर
लिखी है
हानि-लाभ-यश-अपयश की बात
नदी के तट पर
खम्भों के बीच
टँगी है
एक नाव
अठखेलियाँ करती
लहरों के साथ
नदी के पार
रेतीले तटों से काफ़ी दूर हैं
आम के बाग़
नदी के इस पार
अन्तहीन है
क़ब्रों का सिलसिला
मैं घर जाता हुआ
पगडंडी पर
मन्दिर पहुँच जाता हूँ।

रिमोट

अन्तर्यामी हैं
रिमोट
जो बदल रहे हैं
दिशाएँ
माथे के पसीने की।
अब
पसीना चल पड़ा है
सीधा आँखों में
पसीने से आवृत
खारी दृष्टि
देख रही है
ठूँठ जंगल।

नन्हे हाथ

अपने नन्हे हाथों में
थामे भारी लग्गियाँ
आसमान की ओर
उन्मुख है
बच्चों का एक समूह
लूट ही लेंगे
हवा में तैरती
कटी पतंग
वह पतंग
जो अब अटक गई है
किले के बुर्ज़ से
थोड़ी दूर
वह अनमनस्क किशोर
समेट रहा है
शेष डोर
थोड़ा और आगे
रास्ते में ठहरा
रिक्शेवाला
एक हाथ में अटके मैले पर्स और
दूसरे हाथ में फँसा एक नोट
पाँच रुपये का
समाधिस्थ है
इन दो दूरियों के बीच

इन्हीं शिद्दतों के बीच
रास्ते में ही
मेरे हाथों से
फिसल जाती है
डोर
वेदान्त की।

दर्द

सुबह ही बनने लगते हैं
समीकरण
दर्द के
दिन भर
बनती हैं
बिगड़ती हैं
साम्यावस्थाएँ नई-नई
देर रात तक चलते हैं
प्रयोग
दर्द के।

परछाइयाँ

आज में यह समझ चला हूँ कि
मैंने
परछाइयों से प्रेम किया है
जो सारा दिन
समझौता करने की कोशिश में
सूरज से
बड़ी-छोटी और बड़ी होती रहती हैं।
परछाइयाँ
हमें मोहरा बनाकर
धूप-छाँव की शतरंज में
बाजियाँ उलझाती रहती हैं
हम कभी राजा तो कभी वज़ीर बन जाते हैं
बनते हैं
और भी बहुत कुछ
दिन भर
फिर रात में
अँधेरा बनकर
परछाइयाँ
सब कुछ हो जाती हैं।

देखो कभी

देखो कभी
मेरी जाँघों में गतिमापक बाँधकर
मैं भी दौड़ता हूँ
कितना तेज़
देखो कभी
मेरी पुतलियों में
एक जटायु
तौलता मिलेगा
अपने रोयेंदार पंख
तप्त सूरज की किरणों से
न जाने कब उड़ जाए
और तुम कहो
भग्न आशाओं के प्रतीक
जटायु
कभी देखो
मेरे मन में
एक मुक्त आकाश है
उन हंसों के लिए
जो खेतों में भर आए
पानी को देखकर
एक अथाह सागर का भ्रम लिये
बड़े विश्वास के साथ
उतर आते हैं

मेड़ों पर
देखो कभी
तभी जानोगे
वृद्ध जटायु को क्यों इन्तज़ार है
सीता को लेकर भागते
रावण का।

अगर जान जाऊँ

अगर जान जाऊँ
कि कब रुकेंगी धड़कनें
कब तक रेंगता रहेगा
यह सहस्त्रपाद
मन की थरथराती ज़मीन पर
तो सुबह-शाम
रात-दिन से हटकर
सोचूँ
मुझे क्यों भ्रम होता है
आसमान में होने का
बहुमंज़िली इमारतों पर।

झुलसी दीवारें

झुलसी दीवारें
ज़्यादा सक्षम गवाह हैं
उस त्रासदी की
जो उस रात
गुज़र गई
बाँस के पुलों से
लाँघती
गाँव की नदी
एक सदी है
दीवारें
चेहरे
कुछ वर्ष।

मौत

एक रंग
रूठ गया
खो गया
चारों दिशाओं में
पर छोड़ गया
एक लकीर
पते के लिए
रह गया
एक क्षण अनजिया
अविश्वसनीय
एक ताज़ी मौत की तरह
एक बार फिर।

रंग

धूप में कितने रंग
हमें क्या मालूम
हमें सरोकार है
तपन से।
रात के कितने पहर
हमें नहीं मालूम
चेतनाएँ उनींदी हैं
सोने को तैयार
लटक रहे हैं
हाथ
बारजों से
पैर
रस्सियों में बँधने को
आतुर है।

ख़बर मौत की

एक ख़बर मौत की
धरोहर
मेरे साथ
रातभर
रेल के पहिये
दाँत शिकारी कुत्तों के
धरोहर रातभर
एक लड़की सहमी सी
साथ में लिये
ढाल
बच्चे
सफ़र में साथ
धरोहर रातभर
और
शेष जीवन के नचिकेता-प्रश्न
धरोहर
रातभर।

जब कभी

जब कभी मैं
ज़मीन पर
सो पाने की कशमकश में
करवट बदलता हूँ
मेरे कान धरती की ओर होते हैं

अक्सर
धरती कुछ कहना चाहती है
सुनना चाहता हूँ मैं भी
धरती कह नहीं पाती
मैं सो नहीं पाता
अब छोड़ देनी है
सोने की कोशिश

करवटों का बदलना
कान धरती से दूर रखूँ
आँखें आसमान की ओर
और
एक चारपाई ले आऊँ
धरती के बहुत क़रीब
नींद नहीं आती।

रोटियाँ

बाँध दो
सूखी रोटियाँ
कटीले तारों से
पोत दो
मक्खन
सूखी रोटियाँ
नंगी हों
तो
दस्तावेज़ होती हैं
हमारी बेईमान आदमियत की।

बचपन में

बचपन में जब भी
मैं माँगता
चाँद
माँ हमेशा ला देती
थाली में

बड़े होकर थालियाँ
सिर्फ खाना रह गई

मैंने देखा
सपने
थाली में चाँद होते हैं

इससे पहले कि
शुरू हो सफ़र
थाली से आसमान का
आ जाना
थाली में
रोटी और प्याज़
विकृति है
सपनों की।

नारे

सपनों में नारे लगाते हैं
कितने-कितने लोग
फफक पड़ते हैं
रात भिनसारे
जगने पर
कितने-कितने लोग
बनती है फूलों की क्यारियाँ
नित-रोज नई
ढलते हैं गमलों में फूल
नर्सरियों में
बहक रहे हैं
कितने-कितने लोग
चलते हैं
गिरते हैं
हाथों के सन्तुलन
जीवन-ध्वज
पते न पा सके
भटक रहे हैं
आज तक
कितने-कितने लोग।

चुप होती आवाज़

चुप हो जाती
एक आवाज़
सहसा
कुन्द हो जाती
अल्हड़ तरंग
चक्रव्यूह
केवल चहलक़दमी
नियंत्रित क्षितिज
अन्तिम हैं
प्रायोगिक भटकनें
ये लोग
शौक़ीन हैं
ख़ूबसूरत गर्दनों के
पीछा करते हैं
पंजे
अँधेरे को चीरती चीख़ का
ये लोग
तौल रहे हैं
उगते पंख
ताकि भटकती रहें
नव्य उड़ानें।

हैलिकॉप्टर

चिल्ला पड़ता हूँ
मैं
कान मूँदकर
जब देखता हूँ
एक चिर-परिचित अकेलापन
उसकी आँखों में
मन की दीवारों पर
सुस्त
कई गर्भ भरालसायी छिपकलियाँ
दौड़ पड़ती हैं
सहसा
जब मैं देखता हूँ
हैलिकॉप्टर
अपने आसमान में।

मुट्ठियाँ

भिंची रहती हैं
मुट्ठियाँ
आजकल
ये आत्महन्ता आक्रोश नहीं
इसमें बन्धक हैं
भाग्यरेखा
कल के लिए
ये भिंचती है तो
सपने आते हैं
सपनों में होते हैं
गौरैया
दोमुँहे साँप
सफ़ेद फूल
इनमें ढँपी हैं
सँभावनाएँ
कोख में बीज की तरह
बनकर निकल पड़ने को
सिमटी है
भिंची मुट्ठियों में
सूर्य की शक्ति
लावा की तपन
फट पड़ेगी

जलाने को
सारी गलीज़ता
सड़ाँध
नये के लिए।

कभी ऐसा हो

कभी ऐसा हो
कि तुम्हें तरेरनी हो आँखें
पर तुम सीधा देखो

कभी ऐसा हो
कि तुम्हें सताना हो मुझको
पर तुम मान जाओ

काश! कभी तो ऐसा हो
कि कुछ सिखाना हो तुम्हें
पर तुम बाज़ आओ
कभी तो ऐसा हो।

कंक्रीट की दीवारें

शहर में कंक्रीट की दीवारों पर
लोहे की जालियों के पीछे
चस्पा होती
जब
नम्बरों की एक संक्षिप्त फ़ेहरिस्त
शहर के ढाबों, होटलों, कमरों में
चबाई जातीं रोटियाँ
सिगरेटों के साथ
साँस
उठा-बैठक करती
पारदर्शी परछाइयों संग
नींद सो जाती
सुबह की सम्भावनाएँ
सरक जातीं
फिर कभी
किसी दिन
किसी साल।

आख़िर कब तक

आख़िर कब तक
तुम प्रश्न रहोगे
आख़िर कब तक
मैं निरुत्तर रहूँगा
सूरज के साथ उतरते हैं
तुम्हारे प्रश्न
रात-भर ढूँढ़ता है
उत्तर
कोना-कोना
सुबह अरुणिमा के साथ
अनावृत हो जाता है
उत्तरों का भ्रम
दिन भर आती रहती है
शाम
आख़िर कब तक?

कई बार

कई–बार
नींद
कोसों दूर होती है
एक बात से
कभी–कभी
एक बात
कोसों दूर होती है
नींद से
जब नहीं पलटते क़िताबी पन्ने
कानों के पास
जब पलट रही होती है
ज़िन्दगी
अपने पन्ने
हाथ भर दूरी पर
जब सुनसान होती हैं
गलियाँ
तब नहीं समझ पाता
कौन
किससे
कितना
दूर है।

कहा है तुमने

क्या कहा है
तुमने
इसके लिए
मैं रोज़ बहते ख़ून में
ख़ून का रंग देखना
भूल न जाऊँ
लाशों के ढेर में
अपनों को पहचान जाऊँ
क्या कहा है
तुमने
इसके लिए
लोगों के साथ
दौड़ती-भागती रेलमपेल में
अपने को ढूँढ़ पाऊँ
क्या कहा है
तुमने
इसके लिए
उगते सूरज के साथ
चलते-चलते
उसी का न हो जाऊँ
कुछ कहा है
तुमने
इसके लिए।

डूबता सूरज

डूबता है सूरज
शाम में
मेरा
तलाशता हूँ
उसको
घिरते अन्धकार में
सड़क की बत्तियों में
नहीं मिलता
डूबता सूरज
खींचता हूँ
मेरे हाथ आती है
चिन्दी भर
लालिमा
रत्ती भर
पीलापन
मेरी
अपनी पहचान लगता है
डूबता सूरज
मेरा इन्तज़ार है।

सिहरन

ये सिहरन
सावनी फुहारों का स्पन्दन है
क्या फ़र्क़ है
इसमें और उसमें
जो पैदा होती है
आतंक के नये-नये कारनामों
नेताओं के बयानों और
बेरोजगारी से
ये बादल गरजा या
किसी ने दरवाज़ा पीटा
कौन हो सकता है
क्या ओरियानी चू रही है
नहीं!
कोई आ रहा है
ये झींगुर-दादुर
बेचैन हैं क्या?
ये चुप रहें
मैं सुन रहा हूँ
आते कल की पदचाप
बुन रहा हूँ
असमर्थता और आशा के ताने-बाने से
पोशाक़
बदरंग हो रही है

बासन्ती शक्ल
बिजली चमकी
क्या भविष्यवाणी होगी या
समय बदल गया
कुछ है
प्रकृति के रंग बदल रहे हैं
अपने ढंग बदल रहे हैं।

उदास बच्चे

रहने लगे हैं बच्चे
उदास
सुबह ही
हम
उकेरते हैं
आकृतियाँ
आसपास
दीवालों में
आसमान पर
बेचैन
टहलते हैं
अनचाहे गन्तव्यों तक
आ गए
दिशाहीन
मिटा दिये
किसी सिरफिरे ने निशान
दिग्भ्रमित
आशंकाएँ हैं
बिखर जाने की
मन आलोड़ित है
सोचें
पढ़ लें
पूछ लें

देवताओं से
लपलपा रहा है
असन्तोष
पिघल रही है
ज़मीन
हम
खड़े हैं हिमनदों पर।

अन्त में

तुम्हारी यादों की चूड़ियों पर
कस जाया करता हूँ मैं
हालाँकि समय ने पोत दी है
एक महीन परत ज़ंग की
अब कस कर एक बार
उतर नहीं पाता
तुम्हारी यादें
मेरे मन में
एक साफ़ काग़ज़ पर
काले छिद्रों की तरह
द्वीप बनाये हैं
मैं बहुत तैरना जान गया हूँ
फिर भी
द्वीप ही मेरे किनारे हैं
अब भी मेरे हाथ
अगरबत्तियों से जल जाते हैं
अब भी मेरी आँखें
सड़कों पर घूमते-घूमते
सहसा ठहर कर
सोचने लगती हैं
जब तक ज़ेबें हैं
निशान छिपाए जाएँगे
उन असंख्य अभ्यर्थनाओं के

मैंने सुना है
खुल जाती हैं
हथेलियाँ
अन्त में।

प्रेम

प्रेम
चरमोत्कर्ष है
समस्त बिन्दुओं के बीच

प्रेम
एक अनवरत मौन है
समस्त वासना संवादों के बीच

प्रेम
आत्यान्तिक विद्रोह है
रोम-रोम का
समस्त जड़ता के बीच

प्रेम
एक विश्वास है सब कुछ पास होने का
समस्त अकिंचनता के बीच

प्रेम
एक शान्त मृत्यु है
समस्त जिजीविषा के बीच

प्रेम
एक नियति है
गिर पड़ने की
गहनतम अन्धकूप में।

चलते रहे रात भर

रात भर चलते रहे
हल
स्याह बंजरों में
मन के
बैलों की पैजनियाँ
खनकती रहीं
खन्-खन्
झन्-झन्
रात भर
उगा
बहुत कुछ
भूरी मिट्टी
मन की
चिपक ली
सुरसुरी हवा से
रात भर
मेड़ों पर
सीमान्त
टहलते रहे
तुम।

कृष्ण विवर

एक कृष्ण विवर है
मेरा अकेलापन
तेरा अकेलापन
झोंककर जिसमें
मैं
अपनी स्याही
अपने पृष्ठ
तुम
तुम्हारा रंग
तुम्हारी गन्ध
और अकेले हो गए
कितना बुना
जाल अकेलापन
तुमने–मैंने
अपनी आँखों की डोरों से
झोंककर जिसमें
तुम
तेरे कंगन
तेरे गीत
मैं
मेरी मांसपेशियाँ
मेरे अस्त्र
निकल नहीं पाए

कितना उलझा है
मौन अकेलापन
झोंककर जिसमें
मैं
मेरी वाचालता
मेरा विमर्श
तुम
तेरी कोमलता
तेरा स्पर्श
सुलझा नहीं पाए।

आसमान

थोड़ा-सा आसमान
अपने हिस्से का
थोड़ी-सी जगह
साफ़
ख़रीद कर
नटखट हवाओं की
आवारा लयों पर
लड़खड़ाते
हम मिलेंगे
मैं
आधा देह
तुम
आधी आत्मा।

तुम्हारा प्रेम

तुम्हारा प्रेम
उस सिक्कों की तरह है
जिन्हें भरकर नन्ही मुट्ठियों में
मेरा बचपन और मैं
घर के बग़ल में ही
काजी हाउस में छिप गए थे
तब बहुत मुश्किल से मैं
लौटा था घर
क्योंकि काजी हाउस के अँधेरे कमरे में
मैं
हर परिचय के ख़िलाफ़ छिपा था
तब मैंने चाहा था
सौंप देना
अपनी दुखती हथेलियाँ
आसमान को
तुम्हें देखते ही
मेरी हथेलियों में भिंचे हुए
उन्हीं सिक्कों के
आड़े-तिरछे निशान उभर आते हैं
तब कई दिनों तक
किसी के सामने
नहीं खोलता हूँ

अपने हाथ
और न ही देखता हूँ
तुम्हें
कई दिनों तक।

तस्वीर

मैं अलग करना चाहता हूँ
एक लड़की की तस्वीर
ख़बरों के बीच से
उठाकर
क़िताब के बीच कहीं
रखना चाहता हूँ
पर मैं
काट नहीं पाता
एक चौकोर तस्वीर
लड़की की
एक बार उठकर
कैंची
विश्वस्त नहीं छोड़ती
किनारों पर
फिर ख़बरों से निकली
चौकोर लड़की
गोल होने लगती है
यह सत्य है
वही लड़की
कुछ चौकोर
कुछ गोल
क़िताबों में छिपाई होगी
मैंने आँखें मूँदकर

फिर भी
खुली आँखों से
कहीं खो जाती है
लड़की
ख़बर हो जाती है
क़िताब में।

तुम्हारी आँखें

एक लोहार की भाँथी हैं
तुम्हारी आँखें
ढलकर जिसमें
काली तलवारें
बिछ जाती हैं
मेरे रास्तों में
सपने
नापती हैं
तुम्हारी आँखें
दूरियाँ
मेरे क़दम
एक नागा की धूनी हैं
तुम्हारी आँखें
तपते हैं जिसमें
कुछ अहसास
मिट्टी के
पहुँचने की ज़िद में
जिनके पास
मैं घिर जाता हूँ
पिछले आवाज़ों से
शब्द झाँकते हैं
तुम्हारी आँखों में
पन्नों से हैं अटके
मेरे हाथ।

हम–तुम

दो प्रतीक हैं
हम–तुम
खिंचे दीवालों पर आँधियों के
उड़ जाने को
दो रुपहले सूत हैं
तने विकर्णों पर
साधते दिशा–पृष्ठ
हम–तुम
दो बूँद पारदर्शी तरलता है
चले आसमानों से
थामते रक्त ताप
हम–तुम
दो शब्दगात हैं
उपजे शुरू से
बनते गीत होंठों पर
हम–तुम
दो बिन्दु हैं शाश्वत
जड़े धरती की अतल गहराइयों में
परिभाषित करते
समस्त दूरियाँ
दो दूब पंक्ति हैं
हम–तुम
सफ़ेद पगडंडियों के समानान्तर

सुनते-सुनाते लोक-कथाएँ
गलबहियाँ डाले
उर्वर थकान
प्रेम-कर्तव्य-मृत्यु के त्रिवर्ग में
दो वर्ग हैं
हम-तुम
तलाशते तीसरा अधूरापन
कहीं भी अचानक।

धूप-छाँव

जैसे बने धूप-छाँव
जैसे बने शहर-गाँव
वैसे बने हम-तुम
वैसे बने हम-तुम

जैसे बने फूल-पात
जैसे बने दिन-रात
वैसे बनी धड़कन
वैसे बनी धड़कन

जैसे बनी रीति-नीति
जैसे बनी मृग-मरीची
वैसे बनी भटकन
वैसे बनी भटकन

जैसे मिले दर्द-शूल
जैसे मिले बूँद-धूल
वैसे मिले हम-तुम
वैसे मिले हम-तुम।

मैं जानता हूँ

मैं जानता हूँ
अजनबी नहीं हैं
तुम्हारे स्वर
पर ज़रा-सा डरता हूँ
कहीं देते ही कान
तुम चुप न हो जाओ

मैं जानता हूँ
तुम रुकोगे ज़रूर
पर डरता हूँ जरा सा
कहीं मेरे रुख़ करते ही
तुम चल न दो

मैं जानता हूँ
हवा में है
तुम्हारी सुगन्ध
पर डरता हूँ ज़रा-सा
कहीं मेरी मुट्ठी में आते ही
तुम उड़ न जाओ।

तितलियाँ

अच्छी नहीं लगती
तितलियाँ
जो रंग देखती हैं
गन्ध नहीं

अच्छी नहीं लगती
कालिख
भाग्य
दग़ा

न ही अच्छी लगती है
लेन-देन
शब्दों की
घर
बिना छत के

पर
तुम
अच्छे लगते हो।

ढाई आखर

ढाई आखर प्रेम के
खींचते हैं
हर साँस
कसकती है
एक बन्द ख़ामोशी
गली में
गया कई बार मैं
उम्र-सा ढलता
सुनने संगीत
बन्द गली का
पर एक बार
घूम जाने पर
कुछ नहीं बोलती है
गली
केवल दीखते हैं
एक जोड़ी आँखों के आर-पार
पारदर्शी किरण पुंज
आगवानी में लग जाता है
एक श्वेत श्याम विश्वास
क़दमों से
अँधेरों के सिर थामे
हाथों से छनकर
कानों तक पहुँचती है

एक घड़ी की मद्धिम टिक-टिक
क़दमों से लगे
फंदे
सुनहली गाँठें बनकर
तैरते हैं
मन के आसपास
गली के दोनों ओर से
झाँकती हैं
कुछ अपूर्ण आँखें
मेरे हाथों की ओर
मैं देखता हूँ
अपनी हथेलियों में उग आई
आँखें
अपलक झाँकते
कई हाथ
मैं जीता हूँ
भय
सोचकर आँखें गली में
अन्दर गूँजते हैं
शब्द
होंठों से बाहर सहमते हैं
अपरिचित आँखों के सामने
उतर आते हैं
कन्धों तक
शब्द
अतीत बन जाते हैं
आँखें ढूँढ़ती हैं गली में
पद चिह्न
अतीत की आवाज़ाही के
सहसा बन्द हो जाती है

गली
बज उठता है सारा
अतीत संगीत
लयबद्ध आती पदचापें
एक फ़र्क़ काढ़ती हैं
भर-भर लौटती पदचापों से
मैं समझ पाता हूँ
आती पदचापों से
लौटती पदचापों के
संगीत का फर्क
प्रेम करने और
सँभलने का फ़र्क़ है।

चला गया वो

वो चला गया
फिर
साँझ तक
रात हो आई
आँगन में
जंगली अन्धकार है
ड्योढ़ी-दर-ड्योढ़ी
नागफनी घिर आई
लुक गई गन्ध
बेला की
रस्ते में
वो आएगा
सपनों संग।

उसकी आँखें

उसकी आँखें
गुलाबी क्यारियाँ
साथ चलने को कहतीं
राह चलते
गुलाबों के संग
कुरेदी मिट्टी
पैरों तले
मैंने
तलाशी ज़मीन
आँखों की
उघरती गई
सुगन्धित मंजूषाएँ
परती प्रयासों को
घेर लिया

गुलाबी छुअन ने
मैं रोमांचित हुआ।

वृत्त

हमने
जो वृत्त बनाया था
वर्षों नापकर दूरियाँ
वह वृत्त
अब दो गणितीय अर्धांशों में
बँट गया है
ऐसे कि
दोनों एक दूसरे से
बड़े प्रतीत होते हैं
क्यों ?
यह सच है न
चला तो मैं ही था
तुम तो
खड़े ही रहे
केन्द्र बनकर।

तुम

आज बरसात और मेरे बीच
तुम आ गईं
भा गईं
यूकेलिप्टस की गोरी देह पर
सिहर कर
पसर गईं
बूँदें
नहीं जान पाया
किस जड़ की ओर गईं
कहाँ से टपकीं
तुम्हारी स्मित हँसी जैसी
मेरे बिलकुल पास
आ गईं
बूँदें।

साथ

हमेशा साथ होते हो
तुम
जैसे गरमी धूप में
बातें क़िताबों में

सदा साथ होती है
गन्ध
तुम्हारी आँखों की
ज्यूँ फागुनी बयार
गदराई गेहूँ की बालियों में
नमी ओस में

कुछ चाहती है
चौंकाती है
तेरी याद
जैसे किसी कमसिन का
कुँवारा घूँघट
और
पगडंडी पर साँप।

कस्तूरी कुंड

बदल जाता है
सब कुछ
तुमसे मिलते ही
सपनों के अर्थ बदल जाते हैं
लोग कुछ व्यर्थ बदल जाते हैं
बदल जाता है सावनी फुहारों का रंग
टीस भर देता है बादल का संग
और बदल ही तो जाता है
खोने का ढंग
तुमसे मिलते ही
नहा आती है
हवा
कस्तूरी कुंड से
ओढ़ लेता है
आसमान
स्वर्ण-जड़ित चादर
हम गुज़रते हैं
इन गलियारों से
राजा
राजकुमार
विजेता की तरह
तुमसे मिलते ही
कहीं बुलाती हैं

दिशाएँ
क्या गाता है
क्षितिज
दुलराती हैं
सुगन्धित अनुभूतियाँ
बजती है बाँसुरी
रात भर
तुमसे मिलते ही।

रात

रात की ठंडी गहराइयों में
जुकाम-सी
पसरी होती है
तुम्हारी याद
साँसों के रास्ते में
बाँसुरी पर फिरती
नरम उँगली पोरों सी
न जाने कितने सुर
देती है
तुम्हारी याद
साँसों को रास्ते में।

शाम

शाम
सामूहिक प्रार्थना के स्वरों में
इन्तज़ार है
परछाइयों का

शाम
दो दृष्टि फलकों के बीच
इन्तज़ार है
एक पूरे क्षितिज का

शाम
दिवस पर्यन्त ध्यान के बाद
इन्तज़ार है
मोह विमुक्ति का।

हँसी–1

सड़क पर लगी बड़ी होर्डिंग में
अपनी आँखें टाँग कर
देखता हूँ ख़ुद को
हँसते हुए
और चुपचाप
एक बहस में शरीक़ हो जाता हूँ
जब मैं हँसता हूँ
गिन लेता हूँ
अख़बारी सरोकार हैं
हँसी के
हँसी
एक अनवरत बहस है
मुझमें।

हँसी–2

हँसी
कनपटी पर दो बूँद पसीने की तरह
उड़ जाती है
हवा में

शाम को गली–कूचों में
खेल–खेल में
बच्चे अपनी खिलौना–बन्दूक़ों से
शूट कर देते हैं
हँसी

रात की कजरारी आँखों में
समय की सलीबों से होकर
सकुशल उतर आती है सुबह
हँसी

कभी लम्बे
कभी गोल चेहरे
अख़्तियार करती है
हवाई चप्पलों की सफ़ेदी के साथ
धीरे–धीरे
घिस जाती है
हँसी

जंगल का राजा
जब पैट्रोल करता है सड़कें
शहर की
तब शिशु की आँखों में
भ्रूण बन जाती है
हँसी

हँसी
कभी इतना कम बोलती है कि
समस्या बन जाती है।

हरदम

हरदम
कुछ पाने की कोशिश में
लगा रहता हूँ
मैं
क्योंकि
कुछ भी नहीं है
मेरे पास

हरदम
कुछ खोने का भय
लगा रहता है
मेरे साथ
क्योंकि
जो कुछ भी है
मेरे पास
वह दूसरों का है।

तुम सुनोगे

तुम सुनोगे तब
जब सब चिल्लाएँगे
समय
झागदार पानी की तरह
दबे पाँव
पर देखा जाता
बह जाएगा
तुम जागोगे तब
जब सब सो जाएँगे
ज़िन्दगी
एक लम्बे गीत की तरह
केवल धुन बचेगी
अन्ततः
तुम कहोगे तब
जब सब बहरे हो जाएँगे
सुबहें
एक बोर शेव की तरह
साबुन के घोल में
फींचते
ज़ंगदार ब्लेड
बीत रही हैं
तुम काटोगे तब
जब सब कुन्द हो जाएँगे।

पराग कण

घिर गया
जिन जंगलों में
वो जंगल मेरे अपने थे

चीर न सकी
जो चीख़
अँधेरों को
मेरी थी

फैल गए जिस पर
तितलियों के पंखों से झड़े
पराग कण
वो कैनवास
मेरा अपना था

पर चूमता रहा
दिन-रात
जिस दहशत को
मैं
बार-बार
वो किसकी थी ?
वो किसकी थी ?

सपनों की नदी

मेरे सपनों की नदी
आप्लावित है
जल से
पानी की नोक पर
धड़धड़ाती गुज़र जाती है
एक समूची रेल
नदी पर नहीं होती
कोई छायांकित दृष्टि
कई दोपहरी के सूरज हैं
मेरे सपनों में
पानी में घुलती मिट्टी
शक्ति बन जाती है प्रवाह की
बहुत सीधे किनारे हैं
मेरे सपनों की नदी में।

हर रोज़

हर रोज़
सोचता हूँ
कुछ
जो कर नहीं पाता

हर रोज़
करता हूँ
कुछ
जो भुला नहीं पाता

हर रोज़
सुनता हूँ
कुछ
जो गुनगुना नहीं पाता

हर रोज़
गुनता हूँ
कुछ
जो कह नहीं पाता

हर रोज़।

मेरी कविता

मेरी कविता
घिर जाती
एक धीमे अपराधबोध से
घना
गहरा
नीला

मैं ठहरा
बन्दी
अपनी ज़रूरतों का

मेरी कविता
संगिनी
तारों की

मेरा
संग
कविता से।

उम्र

बहुत कम उम्र थी
जब मैं पागल हो गया था
और एक साथ सीख लिया था
जीना
कई लाल-भूरे-काले वर्ष
समझदार होकर जाना कि
पागलपन
मानवीय होने की त्रासदी है

आदमी पैदा ही होता है
भ्रमों के बीच
मानवीय पागलपन से लबालब
पर आदमी मरता है
समझदारी से

समझ मृत्यु के समीप होने का भाव है
एक प्रक्रिया है
मृत्यु के लगातार आकर्षक होते जाने की
फिर क्यों जीना चाहता है?
समझदार आदमी
क्यों पालता है यह द्वन्द्व
आकर्षक मृत्यु के ख़िलाफ़

एक पागल आह्वान बनकर रह जाती है

ज़िन्दगी
क्यो?
कितने और मरेंगे,
इस नामसझ ज़ंजीर की कड़ी बनकर?

चौराहा

क्योंकि एक सड़क गुज़रती है
चौराहे की ओर
तुम्हारे घर के साथ
क्योंकि सूरज की ओर है
तुम्हारा घर
तुम्हारे घर के साथ चलती है
एक भीड़
क्योंकि रोज़ आता है
सूरज
तुम्हारे घर
मैं भी हो लेता हूँ
भीड़ में
एक प्रश्न भँवर होती है
भीड़
क्योंकि भँवरविहीन होते हैं
उत्तर
एक ऋजु-प्रश्न-लहर हूँ
मैं
अनुत्तरित
तुम्हारे लिए।

मेरा मन

मेरा मन
जहाँ घट चुका है
सब कुछ
या जो घट रहा है वह
इतना धीमा है
कि काफ़ी नहीं
अकेली ज़िन्दगी
मेरा मन
जहाँ सारी आवाज़ें
एक साथ चिल्लाकर
शान्त पड़ गई हैं
कुछ आवाज़ें आती हैं
कभी-कभी
तो कान फट पड़ते हैं
दशहत फैलती है
मेरा मन
जहाँ हर लड़ाई
गूँगी है
हर योद्धा
चुप है
बद्ध
पर सहभाग अनन्त का

मेरा मन
एक अन्तरिक्ष
क्या शब्द हो
तुम... !

बीत गई रात

बीत गई
रात
रात भर जंगल में
झूमती रहीं बालियाँ धान की
गोश्त की सड़कों पर
कस्साव
उतरते रहे घाटियों में हम
साथ
मचलता रहा
ढलानों पर
बच्चों का हुजूम
एक सिक्के के लिए
भागता रहा एक पहिया साइकिल का
पंखों के साथ
लड़ता रहा कोई
एक अदना साँस के लिए
ढूँढ़ते रहे हम
एक अदद साँस
रात भर।

मैं लड़ा नहीं कभी

मैं लड़ा नहीं कभी
मौत से
मौत
हमेशा टाल दी
हालाँकि मौत
अक्सर मिली
रंगों में
रंगीन मौत
ख़ौफ़ खा गया
रंगों की अंतर्धान होती
सीमाएँ देख
गम्यमान सीमाएँ
ख़ौफ़नाक होती हैं
सपनों के स्याह द्वीपों सी
कई बार मारा गया मैं
स्वप्न द्वीपों में
कई तरह से
पर जी गया
जगते ही
टल गई
मौत
मैं लड़ा नहीं कभी
मौत से
मौत हमेशा टाल दी।

शहर में रातें

रातें शहर में
गुज़रती हैं
अग्निद्वीपों से
देह पर एक लोटा पानी की धार-सी
तय करती हैं
ठंडे गर्म रास्ते
रातें
शहर में
पसर जाती हैं
नुकीली बरछियों के पीछे
हज़ामत की हुई झाड़ियों पर टँगी
लाल-पीली देह सी
आपादमस्तक
रातें
शहर में
चिपक जाती हैं
सूखी तारकोल की सड़कों से
अचानक ही बह निकलते
पानी जैसी चीज़ से
छटक पड़ती है
हर असावधानी पर
रातें
शहर की

गुज़र जाती हैं
अग्निशामक गाड़ियों की
घंटा ध्वनियों-सी
टिंग-इंग-टंग
टिंग-इंग-टंग!

बातें

मैं तुमसे बातें करता हूँ
तो
बातों से नहीं
बातों की बात करता हूँ

बातें तुमसे नहीं होतीं
पर
बातों में तुम होते हो
नहीं
तुममें होती हैं बातें
तुममें बातें होती हैं

बातें
केवल बातें
पर
किसमें
किससे ?
मैं
सीमा हीन होता हूँ।

मेरी चाहत

मेरी चाहत
एक शाश्वत आवाज़ है
खोखली मान्यताओं के ख़िलाफ़
उन कोटरों के ख़िलाफ़
जिनमें हम छिपे-दुबके हैं
मेरी चाहत
उस भय के ख़िलाफ़ है
जो उठती रहती है
उन शामों में
जब मैं उदास होता हूँ
रात की अँधेरी परतों में
जब खोदते-खोदते ज़िन्दगी
अचानक ही
कोई चिनगारी
दावानल हो जाती है
और खींचने लगती है
सारी प्राण-वायु
मेरी चाहत
निरन्तर समीप आती मृत्यु के सम्मुख
अन्तिम साँस तक जीने की आवाज़ है
मेरी चाहत
माहौल में बढ़ती घुटन के ख़िलाफ़ आवाज़ है।

एक ही बात है

एक ही बात है
छोड़ देना सब कुछ
या
पा लेना सब कुछ

पर
सबके लिए
कुछ छोड़ देना
या
कुछ के लिए
सब छोड़ देना
कैसे एक ही बात हो सकी ?

भागता रहता हूँ मैं

भागता रहा हूँ
मैं
मेरा समूचा अस्तित्व
डरता है
किसी भी पड़ाव से
पड़ाव
सत्य होते हैं उनके जो
पहुँच चुके हैं
थक चुके हैं
मैं
थकना तो नहीं चाहता
पर
पहुँचना भी नहीं चाहता
क्यों
अनमने से लगते हैं
पड़ावों के लोग
बेस्वाद
मैं
पड़ावों के लोगों से
भागता रहता हूँ
अपरिचित
अपरिभाषित पड़ावों की ओर
शायद
अनछुआ रह सकूँ।

कुछ बातें

कुछ बातें
जो टकरा जाती हैं
कमरों की दीवारों से
उन्हें रोकते–रोकते
लहूलुहान हो जाता हूँ मैं
मेरी आँखें सधी होती हैं
दीवारों के पार
वहाँ जहाँ कुछ तारे हैं
चमकते स्याह औंधे
मेरे मन को इन्तज़ार होता है
एक महामानव का
जो मेरी अपलक आँखों पर खींच दे
मेरी ही पलकों की चादर
बाँध ले
अपनी चौड़ी हथेलियों में
मेरी दृष्टि सीमाएँ
मैं महसूस करता हूँ
एक खुरदुरा स्पर्श
न अन्धकार
न प्रकाश
तत्क्षण
मैं लाँघना चाहता हूँ
फिसलती चारदीवारियाँ

तभी कुछ बातें
टकराने लगती हैं
कमरों की दीवारों से
मुझे
लहूलुहान होना होता है।

सुबह की धूप

सुबह की धूप के सामने
हवा के साथ
साबुन के एकदम गोल बुलबुलों की तरह
उड़े थे
हम
धूप ने सारे रंग
इन्द्रधनुषी
न्योछावर कर दिये थे
चमक उठे थे
हम
बुलबुलों के साथ घूमती
हमारी आँखें
नीले आकाश में
ओझल हो गईं
धूप के सामने ही।

मुझे तो

मुझे तो उलझा लेती है
एक ओस बूँद
सुबह ही
दिन ढले तक
उलझी रहती हैं गुत्थियाँ
दिन भर
आँखों में झलकती है
वह बूँद पारदर्शी
ओस कुछ प्रतिबिम्बित करती है
कल सुबह ही देख सकूँगा!
पर यह दिन क्यों चढ़ उठता है
वह बूँद ओस
टपकने से पहले
थोड़ी देर और ठहरती
तो शायद
मैं समझ पाता
वह आकर्षण
जो खींचता है अनवरत
पर झलकता नहीं
ओस का वह रहस्य
मैं जानता हूँ

एक पारदर्शी इन्तज़ार है
जो कल फिर दिन चढ़ते ही
उड़ जाएगा
शायद।

आँगन धूप

आँगन में अनिच्छुक धूप
झाँकती है
भाग जाती है
दूर मैदानों की ओर
चने के रोयेंदार डंठल-सी नर्म
धूप
सो गई है
सरसों की पीत शैया पर
पीला किया
किसने ?
किसको ?
सोने के भाव है
हल्दी
मन की कोमल बात-सी मुलायम
नन्ही पत्तियाँ
निकल पड़ी हैं
खेतों में
बथुओं से मनुहार करती
लड़की
घिर गई सुनहली आशंका से
सर्दियाँ आ गईं
सर्दियाँ आ गईं।

खिलारी

[महाराष्ट्र में आए भूकम्प पर]

खिलारी
बिखरे हैं पंख
चारों ओर
भोर
सोनपंखी सपनों की बांग
धरती ने करवट ली
सपने जीवाश्म हैं
दिख जाते हैं
कभी-कभी
अगर हिल जाय धरती
फिर खो जाते हैं
सपने
आदमी देखता है
सपनों में धरती का हिलना
आता है क्या?
पथरीले चेतना के कोर
सपनों में
अनन्त अन्धकार
होता है क्या?
सपनों के क्षितिज पर होते हैं
दबाव
धरती के

झूठा है सन्दर्भ
क्षितिज का
आदमी रोज़ माँगता है दुआ
आसमान से
झूठे हैं सन्दर्भ
आसमान के
निःसन्देह
घोर अन्धकार है आसमान में
आदमी की चेतना के बाहर
आदमी
समझता है क्या?
आदमी
सो जाता है विश्वास के घरों में
और धरती हिल उठती है
भूकम्प
आदमी के विश्वासों के ख़िलाफ़
होते हैं क्या?

कौन आया

कौन आया
भीगता
अधूरी बिजलियाँ
कड़कीं
टँग गए बूँदों के तार
चारों ओर
पलकों में उतर आया
आसमान
एक रँगी
दृष्टि
बहुरंगे
दृश्य
कौन आया
भीगता ?

बरसात

बरसात
किसी उच्चतर का
मन के भीतर
एक तरल अहसास है

बरसात
धरती के दहकते
हवन कुंड में
बादलों के मन्त्रोच्चार के साथ
एक सरल आहुति है

बरसात
रात में
अनवरत जागरण का आह्वान है
संकेत है
कहीं चल पड़ने को।

बार-बार

बार-बार
छू जाती है हवा
मेरे मन को
देर तक घुमाता है
सड़कों पर

एक ठंडा अहसास
बार-बार
मुट्ठी में सिमटा
सच
बिखर जाता है
बार-बार
मिट जाती है
मेरे चेहरे पर पुती
तथ्यों की परत

मैंने छुई
हवा
मुझे नहीं मालूम
पर बार-बार
छू जाती है
हवा मुझे।

बीहड़

[यमुना चम्बल के बीहड़ों को देखकर]

बीहड़
नदी के दुर्ग हैं
यह जो पतली सड़क है
एक पेचीदी भूलभुलैया है
चलते-चलते
कहीं भी चमक सकती है
तलवार दुर्ग प्रहरी की
नदी की साँवली वलयित
देह से लिपटे हैं
बीहड़
नदी के रूप रक्षक
गाँव
दुर्ग योद्धाओं की बस्तियाँ हैं
मुझे देख बीहड़ों में
पिलुआ की घनी साफ़ छाँव में लेटा
सन्नाटा
पूछ बैठता है
चाय पियोगे साहब?
बीहड़ों में
आदमी की तरह
सतायी आतंकित नदी

छुपी है
बहुत साफ़ है
नदी
बीहड़ों में।

गुरुजी !

[प्रो. लक्ष्मीकान्त दीक्षित के प्रति]

ओ गुरुजी !
उदासी के प्रभामंडल में
पारावार है
आपकी हँसी
हवा सी सरल
जीवन बढ़ता ही रहेगा
कुछ पुष्प शेष हैं
मालाओं में
कुछ सूत्र खो गए हैं
गोधूलि में
इससे पहले कि
सूख जाएँ आँखें
उछाल देनी है
एक लहर
पलकों में
इस बीच बिखर जाएगा
कुछ...
फिर भी
वनों को इन्तज़ार है
समय के बदलने का
नदियों के अनवरत प्रवाह में
झलकते हैं

असंख्य परिचित-अपरिचित लोग
बहुत कुछ जीना है
समय की उलझती गाँठों से
खोल लेने हैं
थोड़े गुलाबी क्षण।

ओ गुरुजी!
अन्त चरम है
पर अर्जन शाश्वत है
फिर भी
नियति यह जान ले
हमारे तेवर विद्रोही हैं,
हम लग्न में हैं
निःशेष त्रासदियों से
हम साथ चलेंगे
जब तक
पहचान पाएँगे
अपनी शक्लें
समय के आइने में
ओ गुरुजी!

मीठे पानी की नदी

वो जो मीठे पानी की नदी
तैरती है
तेरे-मेरे बीच की दूरियों में
दूरियाँ घटते ही
एक उबड़-खाबड़ गड्ढा
रह जाएगी
एकदम उड़ जाएगी
नदी
बचेगा
थोड़ा कोयला
बनेगी
थोड़ी भाप
और क्या हुआ है
तपती आग
और
पानी के बीच
अब तक!

दर्द

झील की प्रशान्त जलराशि में
विशाल जलचर के बेचैन करवट की तरह
उठता है
दर्द
दिशाहीन नाली के जल की तरह
उतर जाता है
अज्ञात गहराइयों तक

दर्द
रिसता है
टपकता है
सींचता नहीं

दर्द
ऊँचाई से गिरती नदी की तरह
समेट लेता है
आसपास
सबकुछ
रेगिस्तानी आँधियों का हमनस्ल है
दर्द
सर्जित करता है
ढँपी लाशों पर
रुपहला

सर्पिल रेखीला सौन्दर्य

दर्द
भूकम्प के बाद की
धरती की तरह
छोड़ जाता है
ढेर सारे
अकेले
ख़ामोश
क्षण।

बताओ तो

जब हवाएँ ही चुपचाप किनारा कर लें
कौन किसके रहा है साथ बताओ तो सही

मन के हर कोने में बसने लगी हो आग जहाँ
किसकी तुम देख रहे राह बताओ तो सही

राहबर ही भटक-भटक गए रास्ते में जहाँ
राहजन क्यूँ हो शर्मसार बताओ तो सही

बाढ़ के बाद की धरती का तू आँचल न टटोल
कैसे पलटी थी यहाँ नाव बताओ तो सही

फिर खिलेगी यहाँ सरसों तू अपने हाथ तो दे
कौन तलवार रही बाँट बताओ तो सही।

उदास रात

आज रात उदास रही क्यूँ
कोई लगन सी बात नहीं क्यूँ
डरते रहे ख़ुद ही अँधियारे
एक अपरिचित प्यास रही क्यूँ
चंदा तारे झींगुर जुगनू
सब-के-सब थे पास नहीं क्यूँ
मन तो दूर सफ़र में खोया
पर अपने थे हाथ नहीं क्यूँ
ना कुछ खोया ना कुछ पाया
फिर अपनी औकात रही क्यूँ
मैं तो विरह की जात ना मानूँ
तेरी-मेरी बात हुई क्यूँ।

सखी री!

हम तो चले जाएँगे प्यारी सखी री तुझसे बिछड़ के
जा के फिर आएँ न आएँ सखी री...
काग़ज़ से लटका के रख लोगे हमको
दिल में नहीं आएँगे सखी री...
रंगों की दुनिया में रंगीली बातें हैं
कुछ रंग भी हम ले जाएँ सखी री...
तस्वीरें मेज़ों पर अच्छी ही लगती हैं
एक तस्वीर हम चुराएँ सखी री...
अलसाई आँखों में फागुन के सपने हैं
इक स्वप्न हमको सताए सखी री...
धमनी से धड़कन का रिश्ता ही अपना है
अपनी लगन ठहरे न कभी बहती ही रहे री...
तुझसे बिछड़ के...।

तुझे ढूँढ़ता मैं

मैं तुझे ढूँढ़ता इस शहर में चला आया
ज्यों तेरी याद ने तेरा पता है बतलाया

तुम मिले शहर मिला और मिली बेचैनी
बस तेरे साथ जो नमी थी वो नहीं पाया

क्यूँ तेरे शहर के घेरे हुए पागलख़ाने
शाम हर शख़्स को उस ओर ही जाते पाया
हैं बहुत चौड़ी तेरे शहर की गलियाँ सड़कें
पर मुझे राह बनाना ही क्यूँ नहीं आया

क्यूँ तेरे शहर ने एक बार नहीं आह भरी
रात वो शख़्स जो ख़ामोश था जब चिल्लाया
ढूँढ़ ही लेंगे तेरे शहर के वो तहख़ाने
हैं जहाँ क़ैद तेरी ओस और तेरी छाया।

अटक गई नींद

आँखों में अटक गई नींद
सपनों में कौन आ गया
पनघट पर जल गए दीप
सपनों में कौन आ गया

नवरंगी धरती का सतरंगी आँचल है
हंसों के पैरों में रुनझुन सी छागल है
जोगन के होंठों पर गीत
सपनों में कौन आ गया

धानों के खेतों में पगडंडी घायल है
झुकी-झुकी बाली पर पुरवाई पागल है
नई-नई लगती है प्रीत
सपनों में कौन आ गया

आधी है धरती आधा आकाश है
कोयल के बोलों में आधी ही प्यास है
हर कोई लागे है मीत
सपनों में कौन आ गया

पतली नदी का चकमक-सा रूप है
चंचल किनारों पर सुबह की धूप है
लहरों में उलझ गई जीत
सपनों में कौन आ गया।

घर-घर दीप जले

दीप जले घर-घर में प्राण कहाँ खो गया
प्रीत की सुनाओ न मीत कहाँ खो गया
दीपों से धरती के रिश्ते अबूझ रहे
दीपों को स्वर्ग के अरमान कौन दे गया
दीपों और दीपों के बीच ये अँधेरा क्यूँ
दीपों के बीच से ही दीप कौन ले गया
दीप के चतुर्दिक ये छाया धुआँ-सा क्यूँ
रोशनी उधार की थी बयाँ कैसे हो गया
दीपों की गिनती क्या रोशनी की सीमा क्यूँ
दीपों से रोशनी का भान कौन ले गया
दीप जले धरती पर आसमाँ में हलचल है
दीपों को धड़कन और पाँव कौन दे गया।

याद

हम तुम्हें याद किया करते हैं सवालों में
जिन सवालों ने सदा रास्ते बताए हैं

वैसे तो याद है हर चेहरा जो ख़ूबसूरत है
फिर भी हर कोई कहाँ अपने काम आए हैं

वो तेरे साथ हैं मालूम न था मुझको इधर
वरना क्या है वो अपने हैं या पराए हैं

डूबती शाम उघरती सुबह में तलाशता रहा
सुबह के भूले नहीं शाम तक घर आए हैं

प्यार का नाम तो लेते हैं अब अँधेरे भी
यार हम जब से चाँद पर हो आए हैं

चाँदनी रात भर खोदी हैं खाइयाँ हमने
सुबह हुई तो कुछ हथियार घर ले आए हैं।

साथी

कुछ क़दम बढ़ गए तो बात बढ़ गई साथी
ज़िन्दगी जी न गई बात गढ़ गई साथी

मैंने तस्वीर बनाई जो आसमानों में
कुछ हवाएँ थीं जो बात ले उड़ी साथी

लोग मिलते हैं तो नज़रें क्यूँ झुका लेते हैं
क्या वही बात है जो बात नहीं थी साथी

बात आती है जो कुछ चाँद-तारे पाने से
सिर्फ़ उस बात से तकरार रह गई साथी

मैंने कुछ रंग बिखेरे थे हाशियों से परे
आज गलियों में रही बात वही बात साथी

उन घरों में जहाँ अपना आना-जाना था
हैं वहाँ ताले हुई ऐसी कोई बात साथी

साथ में बात ही कुछ ऐसी थी जो रुक न सके
अब वही बात है जो साथ में नहीं साथी।

अनुबन्ध

न कोई सीमा न कोई अनुबन्ध
प्रिय कितने अच्छे हैं मूक सम्बन्ध
नयनों का नयनों से मिलते चले जाना
सपनीले रंगों का धुलना और बस जाना
प्रिय तेरा आँचल और तेरा अनुसंग।

मनवाँ की मनवाँ से बातें जो होती हैं
मादक कोमलता की सीमाएँ खोती हैं
बँध के न रह जाए जीवन के रंग।
सजनी का शरमाना और फिर घबरा जाना
बासन्ती सपनों का खिलना और सज जाना
मर्यादा तोड़े न निष्ठुर उमंग।
प्रिय अपनी सीमाएँ गहरी हैं लम्बी हैं
सम्बन्धों की सीमा उथली है ठहरी है
बेढब और बेबस हैं जीवन के ढंग।
प्रिय जब ये बोलेंगे परिभाषा तोलेंगे
शब्दों से जीवन के नाते टटोलेंगे
बिखर-बिखर जाएँगे होंगे निस्संग।

आदमी

आदमी के काम का क्यूँ ना रहा ख़ुद आदमी
कौन आगे बढ़ गया ख़ुद घट गया जब आदमी।

आदमी के आपसे ही रास्ते हैं क्यूँ जुदा
है वही पागल यहाँ पर जो रहा था आदमी।

आदमी के साथ ही जीते हैं दर्दो-ग़म यहाँ
दर्द से जुड़ता रहा है आदमी से आदमी।

आदमी के साथ हैं सड़कें और उसकी करवटें
मंज़िलों का आदमी तो आदमी पर आदमी।

ये करो वो ना करो सब कुछ करो कुछ न करो
कब तलक़ ख़ुद ही से ख़ुद डरता रहेगा आदमी।

आदमी की चाह और पहचान उसकी भटकनें
हौसला जब तक रहेगा है अकेला आदमी।

साँस

साँसों से दिल के अन्दाज़ बयाँ होते हैं
साँस के साथ ही हम-तुम भी जवाँ होते हैं।
एक ख़ुशबू-सी चहकती है आसपास मद्धम साँस के
सपनों के पंख भी साँसों पर फिदा होते हैं।
साँस थमती है तो उतर आती है शाम दिल में
शाम के रंग क्या साँसों से जुदा होते हैं।
थाम लें वक़्त की रफ़्तार धड़कती साँसें
साँसें हो तेज़ हों तो हम हम तुम तुम कहाँ होते हैं।
उफनती हैं साँसें जब मौसम बदलता है
साँसें होती हैं वहाँ रंग जहाँ होते हैं।
साँस होती हैं तो क्या-क्या नहीं है दुनिया में
साँस जाती है तो हम सबसे पयाँ लेते हैं।

कहना

ऐसा क्या कहना, कि सारी ख़त्म हो गई बात,
मैं चल बैठा तुम जल बैठे जीवन भर का साथ।
गलियों ने मुड़ना छोड़ा छज्जों ने छोड़ी ठिठोली,
ड्योढ़ी ने बैठे-बैठे ही छोड़ी पान गिलौरी।
तेरे दिन थे रात थी मेरी, तेरी-मेरी शाम,
सुबह-सुबह ही धूप भटक गई कमलों को इल्ज़ाम।
दीवाली के दीप जले पर आसमान अँधियारा,
होली के रंगों ने मन को बना दिया बंजारा।
सोना तपा हुआ कुन्दन कुन्दन तप हुआ अनाम,
सारे दिन की याद में तपकर शाम हुई बदनाम।

बेल की गन्ध

हवा में महके बेल की गन्ध
तुम्हारा प्यार हो हम हों
जहाँ होवे न होवे
रेशमी ज्योत अँखियन में
कभी खोवे न खोवे
मैं झूल जाऊँ घटा के संग।
जहाँ का प्यार हो मुझमें
मैं सड़कों पर लुटाऊँ
जहाँ भी दर्द हो उसको
कभी मैं बाँट पाऊँ
मैं दौड़ जाऊँ लहू के संग।

शहर

लोग लटके हुए सलीबों से
कैसे ईमान का शहर है ये।
सारा दिन दौड़ता है शीशे पर
जाने किस जान का शहर है ये।
पत्थरों के महल में रहता है
सबसे अनजान-सा शहर है ये।
घर-सी कुछ बात ही नहीं लगती
ख़त्म पहचान का शहर है ये।
मैं तुम्हें किस जगह मिलूँ यारो
अपने ही दरमियाँ शहर है ये।

सपनों की आग

सपनों में आग ली
बात नहीं तेरी कहीं
आज पुरवाई बही
बात नहीं तेरी कहीं।

केसर के खेत बिके
रंग बिके अंग बिके
लहरें रुक-रुक के बिकीं
बात नहीं तेरी कहीं।

मंज़िल की हाट बिकी
राह बिकी बाट बिकी
रात प्रहरों में बिकी
बात नहीं तेरी कहीं।
पुरईन के पात बिके
साँस बिकी आह बिकी
गाँव सस्ते में बिके
बात नहीं तेरी कहीं।

सपनों में आग लगी
बात नहीं तेरी कहीं
आज पुरवाई बही
बात नहीं तेरी कहीं।

तोरी अँखियाँ

गोरी तोरी अँखियाँ बा मातल हो—बसन्त आई गइलें
अमवा में बौर आइल महुआ कोचाइल
मस्त कोइलरिया बा फुलवा फुलाइल
काँहें कमरिया बाटे पातर हो—बसन्त...

मस्ती में चरमरमराये बँसवरिया
अमवा आशीष देवे महुआ दे गरिया
केकर जियरवा जाई धातल हो—बसन्त...

सँसिया महक जाए होंठवा झुराइल
रतिया न नींद आवे जियरा कोहाइल
कहवाँ नजरिया बाटे लागल हो—बसन्त...

फगुवा ले रंग आइल देवरा बऊराइल
पिऊ परदेश गइले पतियो न आइल
अँसुवन के धार बाटे चाकर हो—बसन्त...

गोरी तोरी अँखिया बा मातल हो—बसन्त... ।

छुड़ाओ न बहियाँ

गोरी हमसे छुड़ाओ न बहियाँ
बिखर जाइ मनियाँ मोरे आस की
लोग जमाना के करिहें बुराई
बनिहें बिगड़ि जइहें सगरो खुदाई
हमसे बनावा ना बतियाँ—गोरी...

मनवा के सीपी में मुखड़ा जड़ेला
तब कहिं आस के मोती बनेला
काहे का दोष देइ दुनिया—गोरी...

आस की माला गोरी हमने बनाई
तोहरे ही कारण जो टुट-नुच जाई
खाई लइहों कउनों कसमियाँ—गोरी...

हमसे न चउर करो न चतुराई
का बा इरादा तोहरा द बतलाई
काहे करेलू बेइमनियाँ—गोरी...

दुनिया क का लइलू बदल ही जाई
आस झुराई त पुनुगे न पाई
काहें बिगाड़ेंलू सनियाँ—गोरी...
बिखर जाइ...।

नववर्ष का गीत

कितनी सारी आशाएँ हैं,
कितने स्वप्न निराले हैं,
जीवन की दुर्गम राहों पर,
निकले हम मतवाले हैं।

रस्ता चलते सबसे मिलते,
सबकी दुआएँ लेते हो,
आ जाओ मौसम अच्छा है,
हम भी निकलने वाले हैं।

चाँद है चलता सूरज चलता,
नदियाँ चलती रहती हैं,
क्यों बैठो हो भूल के रस्ते,
तूफ़ाँ आने वाले हैं।
रहमगरों की बात छोड़ दो,
छोड़ो ठीकेदारों को,
रात के साथ अँधेरे रहते,
भोर के साथ उजाले हैं।

फूलों के हर रंग में रँगकर,
सपनों क़ो तुम रखो तो,
तेरा सब कुछ हो जाएगा,
समय के खेल निराले हैं।

कोमल भाव मन के

मन के कोमल भाव छिल गए
षड्यन्त्रों में लोग मिल गए
नहीं बचा कुछ जीने जैसा
सत-असत् जैसी बात नहीं ॥ 1 ॥

क्यारी-क्यारी फूल कुचल गए
रस्ते-रस्ते शूल डल गए
नहीं बचा कुछ चलने जैसा
मंज़िल की सौगात नहीं ॥ 2 ॥

परियों के ही पंख नुच गए
नीले नभ में शंख बज गए
बहीं हवाएँ आँधी जैसी
तिनकों की औकात नहीं ॥ 3 ॥

तोते पढ़े पाठ गिद्धों से
ठग के हुए ठाठ सिद्धों से
फँसे परिन्दे वधशाला में
गंगा तट का साथ नहीं ॥ 4 ॥

आतंकी अब रात हो गई
अति-गोपन हर बात हो गई
हाथ कहा सुन कान ना रहा
कोई भी विश्वास नहीं ॥ 5 ॥

बच्चों को ही तीर लग रहे
दुर्बल ही क्यूँ पीर सह रहे
राजा के ही हाथ कट गए
अब कुछ भी उत्पात नहीं ॥ 6 ॥

देह उठा जीवन

जब क़दम लड़खड़ा आए
ऊँघने लगते नयन
देह से उठा जीवन।

जब विदा की घड़ी आती
बिछड़ता है कोई क्षण-क्षण
नेह से उठा जीवन।

बिन्दु सा सर्जन है शाश्वत
नहीं कोई भी क्षरण
भाव से उठा जीवन।

दूर ही था जब मसीहा
गूँजता हर ओर क्रन्दन
आह से उठा जीवन।

जब लगा हर छोर सजने
बाँसुरी के गीत सुन-सुन
भूमि से उठा जीवन।

वह जो रोशनी है

वह जो रोशनी है
दिखती है
कहाँ से आती है
पर बताओ तो—
अँधेरा कहाँ से आता है?

वह जो धर्माधिकारी है
दिखता है
कहाँ से आता है
पर बताओ तो—
लुटेरा कहाँ से आता है?

वह जो जंगल है
दिखता है
साँपों से भरा है
पर बताओ तो—
सपेरा कहाँ से आता है?

जीवन जल

खौलता है जीवन जल
पकता एक चावल
चिन्दी-चिन्दी फटता
रत्ती-रत्ती घटता
दरकता मिट्टी के ढाय सा
जीवन जल।

बौखलाता है जीवन जल
उगलता एक चावल
अकड़-अकड़ सूखता
चटख़-चटख़ टूटता
उखड़ता सत्य में विश्वास-सा
जीवन जल।

घर लगता है ऐसे

ऐसे घर लगता है तुम बिन
जैसे धूप बिना हो दिन
जैसे नदी हो नाव बिना
जैसे रात बिना जुगनू
जैसे नील गगन पंछी बिन
जैसे कोई हो गुमसुम
जैसे गाँव बिना गैया के
जैसे बरस सौ हों पलछिन
ऐसे घर लगता है तुम बिन
जैसे गीत बिना हो धुन॥

चुप है आदमी

षड्यन्त्र में चुप है आदमी
सुन रही है जब दिशा भी
बोल न बोले हवा भी
घात में हर शख़्स है
अब नहीं वह व्यक्त है।

संघर्ष में चुप है आदमी
बोलता कोई नहीं है
कौन ? कब ? कुछ तय नहीं है
कौन बोले सबसे पहले
कौन कितना दर्द सह ले ?

विमर्श में चुप है आदमी
जानता है वार वो
तीक्ष्ण होगी धार जो
कोई तो पहले बढ़ेगा
कोई तो होता बनेगा।

उत्कर्ष में चुप है आदमी
अब तो वो आगे बढ़ा है
पर्वतों पर वो चढ़ा है
क्यों सभी से भेद खोले
दूसरों से कैसे बोले
षड्यन्त्र में चुप है आदमी
षड्यन्त्र में चुप है आदमी।

बच्चों बिन सूना घर

दीवालों से अकड़म-बकड़म
झूला संग गुड़िया और रेल
पूरे घर में धम्-धम् धम्-धम्
फूलों के संग छेड़म-छेड़
माली से झगड़ा बन्दर से दो बातें
गैया को रोटी टाटा आते-जाते
फर्श रहा अनमना बिना दो नन्हे-नन्हे पाँव
ईशा और ईशान गए नानी के गाँव।

ख़फ़ा हूँ

अपनी हर बात से अक्सर ख़फ़ा रहता हूँ
ये न सोचो मैं तुमसे ख़फ़ा रहता हूँ।
जो तेरी याद से लिपटे रहते
ऐसे बेकार खयालों से ख़फ़ा रहता हूँ
कम करें ज़ुल्फ़ की सियाही जो
ऐसे नादान उजालों से ख़फ़ा रहता हूँ
तेरी हर बात का मतलब पूँछें
ऐसे अनजान सवालों से ख़फ़ा रहता हूँ
सरे बाज़ार जो ख़रीदें सच
ऐसे बदनाम लिवालों से ख़फ़ा रहता हूँ।

सोच

मैं सोच रहा हूँ
कैसे होता है
लोगों का हँसते-हँसते
चुप हो जाना
कैसा लगता है
अपनों के बीच से निकलकर
अकेले हो जाना सहसा
कैसे होता है
सपनों का आते-जाते
नीदों के जंगल में खो जाना
कैसे होता है
मैं सोच रहा हूँ
कैसा लगता है
चौराहों के जाम में हाँफती सड़क
पहाड़ों की तलहटी में
मुखर हो जाना
कैसा लगता है ?

मिट्टी के लोग

मिट्टी के घाव
कौन गिनेगा
मिट्टी का धर्म
कौन कहेगा
मिट्टी का रंग
किसे चढ़ेगा
मिट्टी की आस
कब पूरेगी
मिट्टी की प्यास
कब बुझेगी
मिट्टी की आँच
कौन सहेगा
मिट्टी के दर्द
कौन सुनेगा
मिट्टी के दिन
कब बहुरेंगे
मिट्टी के लोग
कब बनेंगे!

बूँदें

आकाश की तपन
बूँदें
धरती की देह में
नवनिर्मित नन्हे सरोवरों में
उछलकर मछलियाँ बन गईं
बूँदें
दुबक कर समा गईं
धरती के सीने में।

सुनहले पट्टे

जो सुनहले पट्टों से बँधे
दुम हिला रहे हैं
सूँघते गन्ध
चाटते हाथ
दिखते काठ-काठ
मित्रो—
क्या उन्हीं के ज़िम्मे है
शेरों का बचपन
हिरन की कुलाँचें
और
मछली की आँखें ?

ज्ञान पिपासु

शहर में सारे काग़ज़ की
सरकारी ख़रीद हो गई है
ज्ञान के गोदाम ठसाठस हैं
सुनिश्चित हैं—
आपात आपूर्ति
सभी ख़ुश हैं
अँधेरे गोदामों में सुप्त ज्ञान-पिशाच को
पुनर्जीवन मिल गया है
अब शहर में जल्दी ही मरेगा
कोई उत्सुक ज्ञान पिपासु।

कारगिल के शहीद

सूख गए फूल पूजा के विदा के
मैंने दी आवाज़ तुमको जाने कब से सदा से
याद आई बारहा तुम न आए फिर भी अब भी
जान जब जाएगी होगी साँस तेरी याद तब भी
कितनी छोटी बात है हम मिल सकेंगे ना कभी भी
जान जिसने दी जुदाई दी उसी ने हमको-तुमको
ज़िन्दगी बेहोश दरिया तैरना उलटा शवों को
धार-दर-मँझधार सदमा झेलना है हमको तुमको
फिर भी हम तुम मिल सकेंगे जब नहीं होंगे किनारे
फिर चलेंगे कहीं भी, कोई हमको ना पुकारे।

मैं नहीं जानता

मैं नहीं जानता
मैं जो जानता हूँ वही मिलेगा
मैं नहीं जानता
मैं जो माँगता हूँ वह ठीक है
मैं नहीं जानता
मैं जो सोचता हूँ वही करूँगा
पर मैं सोचता हूँ
मैं बनूँ
नदी की लहरों में एक लहर
जंगल की रचना में एक पादप
नक्षत्र खचित आकाश में एक बिन्दु
क्योंकि मैं सोचता हूँ
बहती रहे नदी
बना रहे जंगल
स्थिर रहे आकाश
मैं सोचता हूँ।

नया चाँद

आओ चलो बैठें चुपचाप नया चाँद है
मद्धम-मद्धम है रक्तताप नया चाँद है
प्रीति का निमंत्रण है रीति का तकाज़ा है
पुरवा हवाओं ने एक समाँ बाँधा है
आज नहीं होगा उपहास नया चाँद है
अनगिन आमंत्रण है अनगिन उजहास है
साँवले सलोने की अनबुझ-सी प्यास है
आज यहीं होगा महारास नया चाँद है
धरती-आकाश का अनुपम ही जोड़ा है
आज घनी रात ने श्याम स्वर्ण ओढ़ा है
धीमी है वक़्त की पदचाप नया चाँद है
मधुरस है मधुबन है आज नया जीवन है
मीठी-सी बातों में थोड़ी-सी अनबन है
कितना सहेंगे अभी ताप नया चाँद है।

लड़की

लड़की
यूँ हँसती है
जैसे बादल बरसने वाले हों
अभी–अभी।

लड़की
यूँ गाती है
जैसे कोयल ने पढ़ा हो उपनिषद्
अभी–अभी।

लड़की
यूँ चलती है
जैसे हिरन आया हो गली में
अभी–अभी।

लड़की
यूँ जीती है
जैसे धरती के दुःखों के लिए जन्मा हो ईशा
अभी–अभी...।

याद तुम्हारी आई

याद तुम्हारी आई ऐसे जैसे हवा बिन पाँव,
एक नेह की डोर थामकर घूमा सारा गाँव।
बात हमारी कथरी-तथरी भाव बिना सिर पाँव,
किसके संग रहूँ मैं तुम बिन कोई ठौर न ठाँव।
तुम थे मैं था और हवा थी थकी नहीं थी शाम,
चलने की थी घर तैयारी बाक़ी थे कुछ काम।
जग सूना मन सूना तुम बिन सूना गाँव-गिराँव,
मन्दिर पीपल सब सूने से सून गली ही जाँव।

सुनो

सुनो!
अच्छी नहीं आवारगी
मौसम से
कभी
सूनी सड़क
खुली छत
ख़ाली पगडंडी पर।
अकेले ही घेर लेगी
बरखा
देर तक
तो मत कहना
बदचलन बरखा।

धूप

धूप
एक हिस्सा
पीली गुनगुनी
तुम्हारे चेहरे पर
दिसम्बर की सुबह
मुझसे लिपटी है
मुलायम रोयेंदार ऊन की तरह
तुम्हारे चेहरे की धूप
पीली गुनगुनी
एक एहसास है
पीला गुनगुना
दिसम्बर की सुबह।

निराशा

अरी ओ निराशा
चलो, कोई जीत देखें!

अरी ओ उदासी
चलो, कोई ख़ुशी छू लें!

अरे ओ अकेलेपन
चलो, किसी से बात करें!

अरी ओ ख़ालीपन
चलो, किसी को सहारा दें!

अरे ओ अनुभव
चलो, कुछ नया सीखें!

अरी ओ भीड़
चलो, कोई अकेला खोजें!

आम का बिरवा

आम का बिरवा
एक बरस का
मेरी खिड़की के पीछे
धूप पहले उसे ही नहलाती है,
हवा पहले उसे ही छू जाती है,
उसका एक पत्ता
एक पत्ता पीला है
बार-बार एक गिलहरी
जड़ से शिखर तक जाती है,
बार-बार एक गौरैया
बैठती है उड़ जाती है,
घास की ज़मीन
बिरवे के पास
बिरवे का पहला बसन्त
मेरी शुभकामनाएँ उसे
हज़ारों साल के लिए!

कई दिनों से

ऐसा क्यों लग रहा है
कई दिनों से
कोई ख़ुशी छूकर
मेरे मन की देहरी
छुप जाती है ?

ऐसा क्यों लग रहा है
कई दिनों से
कोई ठंडी हवा का हिस्सा
मुझे सहलाते-सहलाते
खो जाता है ?

ऐसा क्यों लग रहा है
कई दिनों से
जैसे तुम्हारी याद, आने वाली हो ?

बहुत सारी बातें

बहुत सारी बातें
जो मैं सोचता हूँ
ग़लत हैं
तो क्या मैं बताऊँ सबको ?
बहुत सारी संवेदनाएँ
सबके लिए तथा सबकी नहीं है
तो क्या लोग मेरे ख़िलाफ़ होंगे ?
अपनी तरीक़े से जीता हूँ
जीवन
तो क्या बन्दिशें ज़रूरी हैं ?

भूख

भूख
एक घटना है
घटती है
मिट जाती है,
पर कभी-कभी
भूख
घटती है
और नहीं मिटती
तब घटना नहीं होती है
भूख
एक त्रासदी होती है।

मुक्ति

मन में कौंधते हैं अनवरत
विचार

बोलो तो आवाज़ नहीं
भाषणों में ख़ूब हैं
विचार

करो तो कुछ भी नहीं
चारदीवारियों पर लिखे हैं
विचार

गुनो तो कोई नहीं
हवा में तैरते हैं
विचार

मुट्ठी में कोई नहीं
मैं खोजता हूँ
विचार-मुक्त मन
विचार-मुक्त स्थान
विचार-मुक्त लोग
वैचारिक दासता से मुक्ति
वैचारिक मुक्ति!

तुमसे मिलते ही

तुमसे मिलते ही
ऐसा क्यों लगता है
जैसे सीखना हो
कुछ नया।

तुमसे मिलते ही
ऐसा क्यों लगता है
जैसे बादलों के फाहे
एक नरम बिस्तर हों
और मुझे लेनी हो
एक पूरी नींद!

तुमसे मिलते ही
ऐसा क्यों लगता है
जैसे पहली बारिश को छूकर
लौटने वाली हो हवा।

तुमसे मिलते ही
ऐसा क्यों लगता है
जैसे सपनों में ही सही
होने वाला हो
कुछ अपरिचित!

तुमसे मिलते ही
ऐसा लगता है
जैसे तारे कुछ क़रीब आकर
चमकने लगे हों!

तुमसे मिलते ही
ऐसा लगता है
जैसे जीत मिलने वाली हो
एक लम्बी लड़ाई को।

तुमसे मिलते ही
तुमसे मिलते ही।

जाने कितनी बार

जाने कितनी बार
ठंडी हवा
छू गई मुझे
मैं अनजान रहा।

जाने कितनी बार
तुम्हारे चेहरे पर आया
स्नेहिल भाव
मैंने देखा ही नहीं।
जाने कितनी बार कही
तुमने अपनी बात
मैंने सुना ही नहीं।

जाने कितनी बार जगाया
सूरज की पहली किरण ने
मैं सोता ही रहा
जाने कितनी बार!

मुट्ठी भर रंग

मुट्ठी भर रंग
उछाले थे
आसमान की ओर
सतरंगी हो गया आसमान
मेरी हँसी
सुन ली आसमान ने
अब क़हक़हे लगाता रहता है
आसमान
मेरी बातें
गुन ली आसमान ने
कई दिनों से
सोच में दिखता है
आसमान
मेरा कहा
मानता है आसमान
किसी दिन
मुझसे मिलने आएगा।

सपनों में

मेरे सपनों में
आती है
सतरंगी खटोले पर बैठी
परी
हज़ारों रंग भर जाती है
सपनों में
कभी–कभी
जगाकर
चलने को कहती है
हवाओं के पंख लग जाते हैं
मेरे सपने ही
उड़नखटोला बन जाते हैं।
मेरा होना न होना
सब खो जाता है
केवल रंग ही रह जाते हैं
मैं रंग हो जाता हूँ
सपनों में।

कितना बड़ा आसमान

आसमान
कितना बड़ा है
कहता कुछ भी नहीं।
तारे
असंख्य हैं
पर दूर हैं।
हवा
चारों तरफ़ है
पर फेपड़ों से ज़्यादा नहीं।
रोशनी
हर जगह है
पर अँधेरा अन्दर है।
लोग
समझदार हैं
पर जीना नहीं चाहते।
दुनिया
बहुत छोटी
पर निकलना होगा।

टूटते तारे

टूटते तारे की भी
एक लम्बी यात्रा होती है।
सूखे नदी का भी
एक मानसूनी अतीत होता है।
सूखे पीपल ने भी
देखी हैं चौपालें
टूटे रिश्तों की भी
एक अहमियत होती है,
छूटे दोस्तों की भी
दुआएँ साथ रहती हैं
जीना होगा, ख़ुश रहना होगा।

वह लड़की

खोई नहीं है
वह लड़की
जो मिली थी सपनों में
अक्सर मिल जाती है
फूलों पर मँडराती
शहद की मक्खियों में
आसमान में उड़ते
प्रवासी पक्षियों के झुंड में
वह अक्सर मिल जाती है
खेतों में काम पर जाती
स्त्रियों के समूह गान में
वह अक्सर मिल जाती है
खोई नहीं है
वह लड़की

जो मिली थी सपनों में।